Tygodnik
Arkusz czasu pracy
Dziennik Ustaw

Należy do

Nazwa:
_____

Adres:
_____

_____

Adres firmy:
_____

_____

E-mail:
_____

Telefon komórkowy:
_____

Telefon domowy:
_____

Faks:

Imię:	Miesiąc, rok:

Dzień	Data	Czas w	Koniec czasu	Przerwy	Z biegiem czasu	Całkowity
Poniedziałek						
Wtorek						
Środa						
Czwartek						
Piątek						
Sobota						
Niedziela						
				Suma godzin		
Uwagi:						

Imię:	Miesiąc, rok:

Dzień	Data	Czas w	Koniec czasu	Przerwy	Z biegiem czasu	Całkowity
Poniedziałek						
Wtorek						
Środa						
Czwartek						
Piątek						
Sobota						
Niedziela						
				Suma godzin		
Uwagi:						

Imię:				Miesiąc, rok:		

Dzień	Data	Czas w	Koniec czasu	Przerwy	Z biegiem czasu	Całkowity
Poniedziałek						
Wtorek						
Środa						
Czwartek						
Piątek						
Sobota						
Niedziela						
				Suma godzin		
Uwagi:						

Imię:				Miesiąc, rok:		

Dzień	Data	Czas w	Koniec czasu	Przerwy	Z biegiem czasu	Całkowity
Poniedziałek						
Wtorek						
Środa						
Czwartek						
Piątek						
Sobota						
Niedziela						
				Suma godzin		
Uwagi:						

Imię:				Miesiąc, rok:		

Dzień	Data	Czas w	Koniec czasu	Przerwy	Z biegiem czasu	Całkowity
Poniedziałek						
Wtorek						
Środa						
Czwartek						
Piątek						
Sobota						
Niedziela						
				Suma godzin		
Uwagi:						

Imię:				Miesiąc, rok:		

Dzień	Data	Czas w	Koniec czasu	Przerwy	Z biegiem czasu	Całkowity
Poniedziałek						
Wtorek						
Środa						
Czwartek						
Piątek						
Sobota						
Niedziela						
				Suma godzin		
Uwagi:						

Imię:				Miesiąc, rok:		

Dzień	Data	Czas w	Koniec czasu	Przerwy	Z biegiem czasu	Całkowity
Poniedziałek						
Wtorek						
Środa						
Czwartek						
Piątek						
Sobota						
Niedziela						
				Suma godzin		
Uwagi:						

Imię:				Miesiąc, rok:		

Dzień	Data	Czas w	Koniec czasu	Przerwy	Z biegiem czasu	Całkowity
Poniedziałek						
Wtorek						
Środa						
Czwartek						
Piątek						
Sobota						
Niedziela						
				Suma godzin		
Uwagi:						

Imię:	Miesiąc, rok:

Dzień	Data	Czas w	Koniec czasu	Przerwy	Z biegiem czasu	Całkowity
Poniedziałek						
Wtorek						
Środa						
Czwartek						
Piątek						
Sobota						
Niedziela						
Suma godzin						
Uwagi:						

Imię:	Miesiąc, rok:

Dzień	Data	Czas w	Koniec czasu	Przerwy	Z biegiem czasu	Całkowity
Poniedziałek						
Wtorek						
Środa						
Czwartek						
Piątek						
Sobota						
Niedziela						
Suma godzin						
Uwagi:						

| Imię: | | | Miesiąc, rok: | | | |

Dzień	Data	Czas w	Koniec czasu	Przerwy	Z biegiem czasu	Całkowity
Poniedziałek						
Wtorek						
Środa						
Czwartek						
Piątek						
Sobota						
Niedziela						
				Suma godzin		
Uwagi:						

| Imię: | | | Miesiąc, rok: | | | |

Dzień	Data	Czas w	Koniec czasu	Przerwy	Z biegiem czasu	Całkowity
Poniedziałek						
Wtorek						
Środa						
Czwartek						
Piątek						
Sobota						
Niedziela						
				Suma godzin		
Uwagi:						

Imię:					Miesiąc, rok:	

Dzień	Data	Czas w	Koniec czasu	Przerwy	Z biegiem czasu	Całkowity
Poniedziałek						
Wtorek						
Środa						
Czwartek						
Piątek						
Sobota						
Niedziela						
				Suma godzin		
Uwagi:						

Imię:					Miesiąc, rok:	

Dzień	Data	Czas w	Koniec czasu	Przerwy	Z biegiem czasu	Całkowity
Poniedziałek						
Wtorek						
Środa						
Czwartek						
Piątek						
Sobota						
Niedziela						
				Suma godzin		
Uwagi:						

Imię:	Miesiąc, rok:

Dzień	Data	Czas w	Koniec czasu	Przerwy	Z biegiem czasu	Całkowity
Poniedziałek						
Wtorek						
Środa						
Czwartek						
Piątek						
Sobota						
Niedziela						
				Suma godzin		
Uwagi:						

Imię:	Miesiąc, rok:

Dzień	Data	Czas w	Koniec czasu	Przerwy	Z biegiem czasu	Całkowity
Poniedziałek						
Wtorek						
Środa						
Czwartek						
Piątek						
Sobota						
Niedziela						
				Suma godzin		
Uwagi:						

Imię:				Miesiąc, rok:		

Dzień	Data	Czas w	Koniec czasu	Przerwy	Z biegiem czasu	Całkowity
Poniedziałek						
Wtorek						
Środa						
Czwartek						
Piątek						
Sobota						
Niedziela						
				Suma godzin		
Uwagi:						

Imię:				Miesiąc, rok:		

Dzień	Data	Czas w	Koniec czasu	Przerwy	Z biegiem czasu	Całkowity
Poniedziałek						
Wtorek						
Środa						
Czwartek						
Piątek						
Sobota						
Niedziela						
				Suma godzin		
Uwagi:						

Imię:				Miesiąc, rok:		

Dzień	Data	Czas w	Koniec czasu	Przerwy	Z biegiem czasu	Całkowity
Poniedziałek						
Wtorek						
Środa						
Czwartek						
Piątek						
Sobota						
Niedziela						
				Suma godzin		
Uwagi:						

Imię:				Miesiąc, rok:		

Dzień	Data	Czas w	Koniec czasu	Przerwy	Z biegiem czasu	Całkowity
Poniedziałek						
Wtorek						
Środa						
Czwartek						
Piątek						
Sobota						
Niedziela						
				Suma godzin		
Uwagi:						

Imię:				Miesiąc, rok:		

Dzień	Data	Czas w	Koniec czasu	Przerwy	Z biegiem czasu	Całkowity
Poniedziałek						
Wtorek						
Środa						
Czwartek						
Piątek						
Sobota						
Niedziela						
				Suma godzin		
Uwagi:						

Imię:				Miesiąc, rok:		

Dzień	Data	Czas w	Koniec czasu	Przerwy	Z biegiem czasu	Całkowity
Poniedziałek						
Wtorek						
Środa						
Czwartek						
Piątek						
Sobota						
Niedziela						
				Suma godzin		
Uwagi:						

Imię:	Miesiąc, rok:

Dzień	Data	Czas w	Koniec czasu	Przerwy	Z biegiem czasu	Całkowity
Poniedziałek						
Wtorek						
Środa						
Czwartek						
Piątek						
Sobota						
Niedziela						
				Suma godzin		
Uwagi:						

Imię:	Miesiąc, rok:

Dzień	Data	Czas w	Koniec czasu	Przerwy	Z biegiem czasu	Całkowity
Poniedziałek						
Wtorek						
Środa						
Czwartek						
Piątek						
Sobota						
Niedziela						
				Suma godzin		
Uwagi:						

Imię:	Miesiąc, rok:

Dzień	Data	Czas w	Koniec czasu	Przerwy	Z biegiem czasu	Całkowity
Poniedziałek						
Wtorek						
Środa						
Czwartek						
Piątek						
Sobota						
Niedziela						
Suma godzin						

Uwagi:

Imię:	Miesiąc, rok:

Dzień	Data	Czas w	Koniec czasu	Przerwy	Z biegiem czasu	Całkowity
Poniedziałek						
Wtorek						
Środa						
Czwartek						
Piątek						
Sobota						
Niedziela						
Suma godzin						

Uwagi:

Imię:				Miesiąc, rok:		

Dzień	Data	Czas w	Koniec czasu	Przerwy	Z biegiem czasu	Całkowity
Poniedziałek						
Wtorek						
Środa						
Czwartek						
Piątek						
Sobota						
Niedziela						
				Suma godzin		
Uwagi:						

Imię:				Miesiąc, rok:		

Dzień	Data	Czas w	Koniec czasu	Przerwy	Z biegiem czasu	Całkowity
Poniedziałek						
Wtorek						
Środa						
Czwartek						
Piątek						
Sobota						
Niedziela						
				Suma godzin		
Uwagi:						

Imię:				Miesiąc, rok:		

Dzień	Data	Czas w	Koniec czasu	Przerwy	Z biegiem czasu	Całkowity
Poniedziałek						
Wtorek						
Środa						
Czwartek						
Piątek						
Sobota						
Niedziela						
				Suma godzin		
Uwagi:						

Imię:				Miesiąc, rok:		

Dzień	Data	Czas w	Koniec czasu	Przerwy	Z biegiem czasu	Całkowity
Poniedziałek						
Wtorek						
Środa						
Czwartek						
Piątek						
Sobota						
Niedziela						
				Suma godzin		
Uwagi:						

Imię:				Miesiąc, rok:		

Dzień	Data	Czas w	Koniec czasu	Przerwy	Z biegiem czasu	Całkowity
Poniedziałek						
Wtorek						
Środa						
Czwartek						
Piątek						
Sobota						
Niedziela						
				Suma godzin		
Uwagi:						

Imię:				Miesiąc, rok:		

Dzień	Data	Czas w	Koniec czasu	Przerwy	Z biegiem czasu	Całkowity
Poniedziałek						
Wtorek						
Środa						
Czwartek						
Piątek						
Sobota						
Niedziela						
				Suma godzin		
Uwagi:						

Imię:				Miesiąc, rok:		

Dzień	Data	Czas w	Koniec czasu	Przerwy	Z biegiem czasu	Całkowity
Poniedziałek						
Wtorek						
Środa						
Czwartek						
Piątek						
Sobota						
Niedziela						
				Suma godzin		
Uwagi:						

Imię:				Miesiąc, rok:		

Dzień	Data	Czas w	Koniec czasu	Przerwy	Z biegiem czasu	Całkowity
Poniedziałek						
Wtorek						
Środa						
Czwartek						
Piątek						
Sobota						
Niedziela						
				Suma godzin		
Uwagi:						

Imię:				Miesiąc, rok:		

Dzień	Data	Czas w	Koniec czasu	Przerwy	Z biegiem czasu	Całkowity
Poniedziałek						
Wtorek						
Środa						
Czwartek						
Piątek						
Sobota						
Niedziela						
				Suma godzin		
Uwagi:						

Imię:				Miesiąc, rok:		

Dzień	Data	Czas w	Koniec czasu	Przerwy	Z biegiem czasu	Całkowity
Poniedziałek						
Wtorek						
Środa						
Czwartek						
Piątek						
Sobota						
Niedziela						
				Suma godzin		
Uwagi:						

Imię:				Miesiąc, rok:		

Dzień	Data	Czas w	Koniec czasu	Przerwy	Z biegiem czasu	Całkowity
Poniedziałek						
Wtorek						
Środa						
Czwartek						
Piątek						
Sobota						
Niedziela						
				Suma godzin		
Uwagi:						

Imię:				Miesiąc, rok:		

Dzień	Data	Czas w	Koniec czasu	Przerwy	Z biegiem czasu	Całkowity
Poniedziałek						
Wtorek						
Środa						
Czwartek						
Piątek						
Sobota						
Niedziela						
				Suma godzin		
Uwagi:						

Imię:				Miesiąc, rok:		

Dzień	Data	Czas w	Koniec czasu	Przerwy	Z biegiem czasu	Całkowity
Poniedziałek						
Wtorek						
Środa						
Czwartek						
Piątek						
Sobota						
Niedziela						
				Suma godzin		
Uwagi:						

Imię:				Miesiąc, rok:		

Dzień	Data	Czas w	Koniec czasu	Przerwy	Z biegiem czasu	Całkowity
Poniedziałek						
Wtorek						
Środa						
Czwartek						
Piątek						
Sobota						
Niedziela						
				Suma godzin		
Uwagi:						

Imię:					Miesiąc, rok:	

Dzień	Data	Czas w	Koniec czasu	Przerwy	Z biegiem czasu	Całkowity
Poniedziałek						
Wtorek						
Środa						
Czwartek						
Piątek						
Sobota						
Niedziela						
				Suma godzin		
Uwagi:						

Imię:					Miesiąc, rok:	

Dzień	Data	Czas w	Koniec czasu	Przerwy	Z biegiem czasu	Całkowity
Poniedziałek						
Wtorek						
Środa						
Czwartek						
Piątek						
Sobota						
Niedziela						
				Suma godzin		
Uwagi:						

Imię:				Miesiąc, rok:		

Dzień	Data	Czas w	Koniec czasu	Przerwy	Z biegiem czasu	Całkowity
Poniedziałek						
Wtorek						
Środa						
Czwartek						
Piątek						
Sobota						
Niedziela						
				Suma godzin		
Uwagi:						

Imię:				Miesiąc, rok:		

Dzień	Data	Czas w	Koniec czasu	Przerwy	Z biegiem czasu	Całkowity
Poniedziałek						
Wtorek						
Środa						
Czwartek						
Piątek						
Sobota						
Niedziela						
				Suma godzin		
Uwagi:						

Imię:					Miesiąc, rok:	

Dzień	Data	Czas w	Koniec czasu	Przerwy	Z biegiem czasu	Całkowity
Poniedziałek						
Wtorek						
Środa						
Czwartek						
Piątek						
Sobota						
Niedziela						
				Suma godzin		
Uwagi:						

Imię:					Miesiąc, rok:	

Dzień	Data	Czas w	Koniec czasu	Przerwy	Z biegiem czasu	Całkowity
Poniedziałek						
Wtorek						
Środa						
Czwartek						
Piątek						
Sobota						
Niedziela						
				Suma godzin		
Uwagi:						

Imię:				Miesiąc, rok:		

Dzień	Data	Czas w	Koniec czasu	Przerwy	Z biegiem czasu	Całkowity
Poniedziałek						
Wtorek						
Środa						
Czwartek						
Piątek						
Sobota						
Niedziela						
				Suma godzin		
Uwagi:						

Imię:				Miesiąc, rok:		

Dzień	Data	Czas w	Koniec czasu	Przerwy	Z biegiem czasu	Całkowity
Poniedziałek						
Wtorek						
Środa						
Czwartek						
Piątek						
Sobota						
Niedziela						
				Suma godzin		
Uwagi:						

Imię:				Miesiąc, rok:		

Dzień	Data	Czas w	Koniec czasu	Przerwy	Z biegiem czasu	Całkowity
Poniedziałek						
Wtorek						
Środa						
Czwartek						
Piątek						
Sobota						
Niedziela						
				Suma godzin		
Uwagi:						

Imię:				Miesiąc, rok:		

Dzień	Data	Czas w	Koniec czasu	Przerwy	Z biegiem czasu	Całkowity
Poniedziałek						
Wtorek						
Środa						
Czwartek						
Piątek						
Sobota						
Niedziela						
				Suma godzin		
Uwagi:						

Imię:	Miesiąc, rok:

Dzień	Data	Czas w	Koniec czasu	Przerwy	Z biegiem czasu	Całkowity
Poniedziałek						
Wtorek						
Środa						
Czwartek						
Piątek						
Sobota						
Niedziela						
				Suma godzin		
Uwagi:						

Imię:	Miesiąc, rok:

Dzień	Data	Czas w	Koniec czasu	Przerwy	Z biegiem czasu	Całkowity
Poniedziałek						
Wtorek						
Środa						
Czwartek						
Piątek						
Sobota						
Niedziela						
				Suma godzin		
Uwagi:						

Imię:			Miesiąc, rok:			

Dzień	Data	Czas w	Koniec czasu	Przerwy	Z biegiem czasu	Całkowity
Poniedziałek						
Wtorek						
Środa						
Czwartek						
Piątek						
Sobota						
Niedziela						
				Suma godzin		
Uwagi:						

Imię:			Miesiąc, rok:			

Dzień	Data	Czas w	Koniec czasu	Przerwy	Z biegiem czasu	Całkowity
Poniedziałek						
Wtorek						
Środa						
Czwartek						
Piątek						
Sobota						
Niedziela						
				Suma godzin		
Uwagi:						

Imię:				Miesiąc, rok:		

Dzień	Data	Czas w	Koniec czasu	Przerwy	Z biegiem czasu	Całkowity
Poniedziałek						
Wtorek						
Środa						
Czwartek						
Piątek						
Sobota						
Niedziela						
				Suma godzin		
Uwagi:						

Imię:				Miesiąc, rok:		

Dzień	Data	Czas w	Koniec czasu	Przerwy	Z biegiem czasu	Całkowity
Poniedziałek						
Wtorek						
Środa						
Czwartek						
Piątek						
Sobota						
Niedziela						
				Suma godzin		
Uwagi:						

Imię:	Miesiąc, rok:

Dzień	Data	Czas w	Koniec czasu	Przerwy	Z biegiem czasu	Całkowity
Poniedziałek						
Wtorek						
Środa						
Czwartek						
Piątek						
Sobota						
Niedziela						
Suma godzin						
Uwagi:						

Imię:	Miesiąc, rok:

Dzień	Data	Czas w	Koniec czasu	Przerwy	Z biegiem czasu	Całkowity
Poniedziałek						
Wtorek						
Środa						
Czwartek						
Piątek						
Sobota						
Niedziela						
Suma godzin						
Uwagi:						

| Imię: | | | | Miesiąc, rok: | | |

Dzień	Data	Czas w	Koniec czasu	Przerwy	Z biegiem czasu	Całkowity
Poniedziałek						
Wtorek						
Środa						
Czwartek						
Piątek						
Sobota						
Niedziela						
				Suma godzin		
Uwagi:						

| Imię: | | | | Miesiąc, rok: | | |

Dzień	Data	Czas w	Koniec czasu	Przerwy	Z biegiem czasu	Całkowity
Poniedziałek						
Wtorek						
Środa						
Czwartek						
Piątek						
Sobota						
Niedziela						
				Suma godzin		
Uwagi:						

Imię:				Miesiąc, rok:		

Dzień	Data	Czas w	Koniec czasu	Przerwy	Z biegiem czasu	Całkowity
Poniedziałek						
Wtorek						
Środa						
Czwartek						
Piątek						
Sobota						
Niedziela						
				Suma godzin		
Uwagi:						

Imię:				Miesiąc, rok:		

Dzień	Data	Czas w	Koniec czasu	Przerwy	Z biegiem czasu	Całkowity
Poniedziałek						
Wtorek						
Środa						
Czwartek						
Piątek						
Sobota						
Niedziela						
				Suma godzin		
Uwagi:						

Imię:				Miesiąc, rok:		

Dzień	Data	Czas w	Koniec czasu	Przerwy	Z biegiem czasu	Całkowity
Poniedziałek						
Wtorek						
Środa						
Czwartek						
Piątek						
Sobota						
Niedziela						
				Suma godzin		
Uwagi:						

Imię:				Miesiąc, rok:		

Dzień	Data	Czas w	Koniec czasu	Przerwy	Z biegiem czasu	Całkowity
Poniedziałek						
Wtorek						
Środa						
Czwartek						
Piątek						
Sobota						
Niedziela						
				Suma godzin		
Uwagi:						

Imię:	Miesiąc, rok:

Dzień	Data	Czas w	Koniec czasu	Przerwy	Z biegiem czasu	Całkowity
Poniedziałek						
Wtorek						
Środa						
Czwartek						
Piątek						
Sobota						
Niedziela						
				Suma godzin		
Uwagi:						

Imię:	Miesiąc, rok:

Dzień	Data	Czas w	Koniec czasu	Przerwy	Z biegiem czasu	Całkowity
Poniedziałek						
Wtorek						
Środa						
Czwartek						
Piątek						
Sobota						
Niedziela						
				Suma godzin		
Uwagi:						

Imię:	Miesiąc, rok:

Dzień	Data	Czas w	Koniec czasu	Przerwy	Z biegiem czasu	Całkowity
Poniedziałek						
Wtorek						
Środa						
Czwartek						
Piątek						
Sobota						
Niedziela						
				Suma godzin		
Uwagi:						

Imię:	Miesiąc, rok:

Dzień	Data	Czas w	Koniec czasu	Przerwy	Z biegiem czasu	Całkowity
Poniedziałek						
Wtorek						
Środa						
Czwartek						
Piątek						
Sobota						
Niedziela						
				Suma godzin		
Uwagi:						

| Imię: | | | | Miesiąc, rok: | | |

Dzień	Data	Czas w	Koniec czasu	Przerwy	Z biegiem czasu	Całkowity
Poniedziałek						
Wtorek						
Środa						
Czwartek						
Piątek						
Sobota						
Niedziela						
				Suma godzin		
Uwagi:						

| Imię: | | | | Miesiąc, rok: | | |

Dzień	Data	Czas w	Koniec czasu	Przerwy	Z biegiem czasu	Całkowity
Poniedziałek						
Wtorek						
Środa						
Czwartek						
Piątek						
Sobota						
Niedziela						
				Suma godzin		
Uwagi:						

Imię:	Miesiąc, rok:

Dzień	Data	Czas w	Koniec czasu	Przerwy	Z biegiem czasu	Całkowity
Poniedziałek						
Wtorek						
Środa						
Czwartek						
Piątek						
Sobota						
Niedziela						
				Suma godzin		
Uwagi:						

Imię:	Miesiąc, rok:

Dzień	Data	Czas w	Koniec czasu	Przerwy	Z biegiem czasu	Całkowity
Poniedziałek						
Wtorek						
Środa						
Czwartek						
Piątek						
Sobota						
Niedziela						
				Suma godzin		
Uwagi:						

Imię:	Miesiąc, rok:

Dzień	Data	Czas w	Koniec czasu	Przerwy	Z biegiem czasu	Całkowity
Poniedziałek						
Wtorek						
Środa						
Czwartek						
Piątek						
Sobota						
Niedziela						
Suma godzin						
Uwagi:						

Imię:	Miesiąc, rok:

Dzień	Data	Czas w	Koniec czasu	Przerwy	Z biegiem czasu	Całkowity
Poniedziałek						
Wtorek						
Środa						
Czwartek						
Piątek						
Sobota						
Niedziela						
Suma godzin						
Uwagi:						

Imię:				Miesiąc, rok:		

Dzień	Data	Czas w	Koniec czasu	Przerwy	Z biegiem czasu	Całkowity
Poniedziałek						
Wtorek						
Środa						
Czwartek						
Piątek						
Sobota						
Niedziela						
				Suma godzin		
Uwagi:						

Imię:				Miesiąc, rok:		

Dzień	Data	Czas w	Koniec czasu	Przerwy	Z biegiem czasu	Całkowity
Poniedziałek						
Wtorek						
Środa						
Czwartek						
Piątek						
Sobota						
Niedziela						
				Suma godzin		
Uwagi:						

Imię:				Miesiąc, rok:		

Dzień	Data	Czas w	Koniec czasu	Przerwy	Z biegiem czasu	Całkowity
Poniedziałek						
Wtorek						
Środa						
Czwartek						
Piątek						
Sobota						
Niedziela						
				Suma godzin		
Uwagi:						

Imię:				Miesiąc, rok:		

Dzień	Data	Czas w	Koniec czasu	Przerwy	Z biegiem czasu	Całkowity
Poniedziałek						
Wtorek						
Środa						
Czwartek						
Piątek						
Sobota						
Niedziela						
				Suma godzin		
Uwagi:						

Imię:	Miesiąc, rok:

Dzień	Data	Czas w	Koniec czasu	Przerwy	Z biegiem czasu	Całkowity
Poniedziałek						
Wtorek						
Środa						
Czwartek						
Piątek						
Sobota						
Niedziela						
				Suma godzin		
Uwagi:						

Imię:	Miesiąc, rok:

Dzień	Data	Czas w	Koniec czasu	Przerwy	Z biegiem czasu	Całkowity
Poniedziałek						
Wtorek						
Środa						
Czwartek						
Piątek						
Sobota						
Niedziela						
				Suma godzin		
Uwagi:						

Imię:		Miesiąc, rok:			

Dzień	Data	Czas w	Koniec czasu	Przerwy	Z biegiem czasu	Całkowity
Poniedziałek						
Wtorek						
Środa						
Czwartek						
Piątek						
Sobota						
Niedziela						
				Suma godzin		
Uwagi:						

Imię:		Miesiąc, rok:			

Dzień	Data	Czas w	Koniec czasu	Przerwy	Z biegiem czasu	Całkowity
Poniedziałek						
Wtorek						
Środa						
Czwartek						
Piątek						
Sobota						
Niedziela						
				Suma godzin		
Uwagi:						

Imię:				Miesiąc, rok:		

Dzień	Data	Czas w	Koniec czasu	Przerwy	Z biegiem czasu	Całkowity
Poniedziałek						
Wtorek						
Środa						
Czwartek						
Piątek						
Sobota						
Niedziela						
				Suma godzin		
Uwagi:						

Imię:				Miesiąc, rok:		

Dzień	Data	Czas w	Koniec czasu	Przerwy	Z biegiem czasu	Całkowity
Poniedziałek						
Wtorek						
Środa						
Czwartek						
Piątek						
Sobota						
Niedziela						
				Suma godzin		
Uwagi:						

Imię:				Miesiąc, rok:		

Dzień	Data	Czas w	Koniec czasu	Przerwy	Z biegiem czasu	Całkowity
Poniedziałek						
Wtorek						
Środa						
Czwartek						
Piątek						
Sobota						
Niedziela						
				Suma godzin		
Uwagi:						

Imię:				Miesiąc, rok:		

Dzień	Data	Czas w	Koniec czasu	Przerwy	Z biegiem czasu	Całkowity
Poniedziałek						
Wtorek						
Środa						
Czwartek						
Piątek						
Sobota						
Niedziela						
				Suma godzin		
Uwagi:						

Imię:			Miesiąc, rok:			

Dzień	Data	Czas w	Koniec czasu	Przerwy	Z biegiem czasu	Całkowity
Poniedziałek						
Wtorek						
Środa						
Czwartek						
Piątek						
Sobota						
Niedziela						
				Suma godzin		
Uwagi:						

Imię:			Miesiąc, rok:			

Dzień	Data	Czas w	Koniec czasu	Przerwy	Z biegiem czasu	Całkowity
Poniedziałek						
Wtorek						
Środa						
Czwartek						
Piątek						
Sobota						
Niedziela						
				Suma godzin		
Uwagi:						

Imię:				Miesiąc, rok:		

Dzień	Data	Czas w	Koniec czasu	Przerwy	Z biegiem czasu	Całkowity
Poniedziałek						
Wtorek						
Środa						
Czwartek						
Piątek						
Sobota						
Niedziela						
				Suma godzin		
Uwagi:						

Imię:				Miesiąc, rok:		

Dzień	Data	Czas w	Koniec czasu	Przerwy	Z biegiem czasu	Całkowity
Poniedziałek						
Wtorek						
Środa						
Czwartek						
Piątek						
Sobota						
Niedziela						
				Suma godzin		
Uwagi:						

Imię:				Miesiąc, rok:		

Dzień	Data	Czas w	Koniec czasu	Przerwy	Z biegiem czasu	Całkowity
Poniedziałek						
Wtorek						
Środa						
Czwartek						
Piątek						
Sobota						
Niedziela						
				Suma godzin		
Uwagi:						

Imię:				Miesiąc, rok:		

Dzień	Data	Czas w	Koniec czasu	Przerwy	Z biegiem czasu	Całkowity
Poniedziałek						
Wtorek						
Środa						
Czwartek						
Piątek						
Sobota						
Niedziela						
				Suma godzin		
Uwagi:						

Imię:	Miesiąc, rok:

Dzień	Data	Czas w	Koniec czasu	Przerwy	Z biegiem czasu	Całkowity
Poniedziałek						
Wtorek						
Środa						
Czwartek						
Piątek						
Sobota						
Niedziela						
Suma godzin						
Uwagi:						

Imię:	Miesiąc, rok:

Dzień	Data	Czas w	Koniec czasu	Przerwy	Z biegiem czasu	Całkowity
Poniedziałek						
Wtorek						
Środa						
Czwartek						
Piątek						
Sobota						
Niedziela						
Suma godzin						
Uwagi:						

Imię:				Miesiąc, rok:		

Dzień	Data	Czas w	Koniec czasu	Przerwy	Z biegiem czasu	Całkowity
Poniedziałek						
Wtorek						
Środa						
Czwartek						
Piątek						
Sobota						
Niedziela						
				Suma godzin		
Uwagi:						

Imię:				Miesiąc, rok:		

Dzień	Data	Czas w	Koniec czasu	Przerwy	Z biegiem czasu	Całkowity
Poniedziałek						
Wtorek						
Środa						
Czwartek						
Piątek						
Sobota						
Niedziela						
				Suma godzin		
Uwagi:						

Imię:	Miesiąc, rok:

Dzień	Data	Czas w	Koniec czasu	Przerwy	Z biegiem czasu	Całkowity
Poniedziałek						
Wtorek						
Środa						
Czwartek						
Piątek						
Sobota						
Niedziela						
				Suma godzin		
Uwagi:						

Imię:	Miesiąc, rok:

Dzień	Data	Czas w	Koniec czasu	Przerwy	Z biegiem czasu	Całkowity
Poniedziałek						
Wtorek						
Środa						
Czwartek						
Piątek						
Sobota						
Niedziela						
				Suma godzin		
Uwagi:						

Imię:	Miesiąc, rok:

Dzień	Data	Czas w	Koniec czasu	Przerwy	Z biegiem czasu	Całkowity
Poniedziałek						
Wtorek						
Środa						
Czwartek						
Piątek						
Sobota						
Niedziela						
				Suma godzin		
Uwagi:						

Imię:	Miesiąc, rok:

Dzień	Data	Czas w	Koniec czasu	Przerwy	Z biegiem czasu	Całkowity
Poniedziałek						
Wtorek						
Środa						
Czwartek						
Piątek						
Sobota						
Niedziela						
				Suma godzin		
Uwagi:						

Imię:				Miesiąc, rok:		

Dzień	Data	Czas w	Koniec czasu	Przerwy	Z biegiem czasu	Całkowity
Poniedziałek						
Wtorek						
Środa						
Czwartek						
Piątek						
Sobota						
Niedziela						
				Suma godzin		
Uwagi:						

Imię:				Miesiąc, rok:		

Dzień	Data	Czas w	Koniec czasu	Przerwy	Z biegiem czasu	Całkowity
Poniedziałek						
Wtorek						
Środa						
Czwartek						
Piątek						
Sobota						
Niedziela						
				Suma godzin		
Uwagi:						

Imię:	Miesiąc, rok:

Dzień	Data	Czas w	Koniec czasu	Przerwy	Z biegiem czasu	Całkowity
Poniedziałek						
Wtorek						
Środa						
Czwartek						
Piątek						
Sobota						
Niedziela						
				Suma godzin		
Uwagi:						

Imię:	Miesiąc, rok:

Dzień	Data	Czas w	Koniec czasu	Przerwy	Z biegiem czasu	Całkowity
Poniedziałek						
Wtorek						
Środa						
Czwartek						
Piątek						
Sobota						
Niedziela						
				Suma godzin		
Uwagi:						

Imię:	Miesiąc, rok:

Dzień	Data	Czas w	Koniec czasu	Przerwy	Z biegiem czasu	Całkowity
Poniedziałek						
Wtorek						
Środa						
Czwartek						
Piątek						
Sobota						
Niedziela						
				Suma godzin		
Uwagi:						

Imię:	Miesiąc, rok:

Dzień	Data	Czas w	Koniec czasu	Przerwy	Z biegiem czasu	Całkowity
Poniedziałek						
Wtorek						
Środa						
Czwartek						
Piątek						
Sobota						
Niedziela						
				Suma godzin		
Uwagi:						

Imię:				Miesiąc, rok:		

Dzień	Data	Czas w	Koniec czasu	Przerwy	Z biegiem czasu	Całkowity
Poniedziałek						
Wtorek						
Środa						
Czwartek						
Piątek						
Sobota						
Niedziela						
				Suma godzin		
Uwagi:						

Imię:				Miesiąc, rok:		

Dzień	Data	Czas w	Koniec czasu	Przerwy	Z biegiem czasu	Całkowity
Poniedziałek						
Wtorek						
Środa						
Czwartek						
Piątek						
Sobota						
Niedziela						
				Suma godzin		
Uwagi:						

| Imię: | | | Miesiąc, rok: | | | |

Dzień	Data	Czas w	Koniec czasu	Przerwy	Z biegiem czasu	Całkowity
Poniedziałek						
Wtorek						
Środa						
Czwartek						
Piątek						
Sobota						
Niedziela						
				Suma godzin		
Uwagi:						

| Imię: | | | Miesiąc, rok: | | | |

Dzień	Data	Czas w	Koniec czasu	Przerwy	Z biegiem czasu	Całkowity
Poniedziałek						
Wtorek						
Środa						
Czwartek						
Piątek						
Sobota						
Niedziela						
				Suma godzin		
Uwagi:						

Imię:				Miesiąc, rok:		

Dzień	Data	Czas w	Koniec czasu	Przerwy	Z biegiem czasu	Całkowity
Poniedziałek						
Wtorek						
Środa						
Czwartek						
Piątek						
Sobota						
Niedziela						
				Suma godzin		
Uwagi:						

Imię:				Miesiąc, rok:		

Dzień	Data	Czas w	Koniec czasu	Przerwy	Z biegiem czasu	Całkowity
Poniedziałek						
Wtorek						
Środa						
Czwartek						
Piątek						
Sobota						
Niedziela						
				Suma godzin		
Uwagi:						

Imię:			Miesiąc, rok:			

Dzień	Data	Czas w	Koniec czasu	Przerwy	Z biegiem czasu	Całkowity
Poniedziałek						
Wtorek						
Środa						
Czwartek						
Piątek						
Sobota						
Niedziela						
				Suma godzin		
Uwagi:						

Imię:			Miesiąc, rok:			

Dzień	Data	Czas w	Koniec czasu	Przerwy	Z biegiem czasu	Całkowity
Poniedziałek						
Wtorek						
Środa						
Czwartek						
Piątek						
Sobota						
Niedziela						
				Suma godzin		
Uwagi:						

Imię:				Miesiąc, rok:		

Dzień	Data	Czas w	Koniec czasu	Przerwy	Z biegiem czasu	Całkowity
Poniedziałek						
Wtorek						
Środa						
Czwartek						
Piątek						
Sobota						
Niedziela						
				Suma godzin		
Uwagi:						

Imię:				Miesiąc, rok:		

Dzień	Data	Czas w	Koniec czasu	Przerwy	Z biegiem czasu	Całkowity
Poniedziałek						
Wtorek						
Środa						
Czwartek						
Piątek						
Sobota						
Niedziela						
				Suma godzin		
Uwagi:						

Imię:		Miesiąc, rok:				

Dzień	Data	Czas w	Koniec czasu	Przerwy	Z biegiem czasu	Całkowity
Poniedziałek						
Wtorek						
Środa						
Czwartek						
Piątek						
Sobota						
Niedziela						
				Suma godzin		
Uwagi:						

Imię:		Miesiąc, rok:				

Dzień	Data	Czas w	Koniec czasu	Przerwy	Z biegiem czasu	Całkowity
Poniedziałek						
Wtorek						
Środa						
Czwartek						
Piątek						
Sobota						
Niedziela						
				Suma godzin		
Uwagi:						

Imię:				Miesiąc, rok:		

Dzień	Data	Czas w	Koniec czasu	Przerwy	Z biegiem czasu	Całkowity
Poniedziałek						
Wtorek						
Środa						
Czwartek						
Piątek						
Sobota						
Niedziela						
				Suma godzin		
Uwagi:						

Imię:				Miesiąc, rok:		

Dzień	Data	Czas w	Koniec czasu	Przerwy	Z biegiem czasu	Całkowity
Poniedziałek						
Wtorek						
Środa						
Czwartek						
Piątek						
Sobota						
Niedziela						
				Suma godzin		
Uwagi:						

| Imię: | | | | Miesiąc, rok: | | |

Dzień	Data	Czas w	Koniec czasu	Przerwy	Z biegiem czasu	Całkowity
Poniedziałek						
Wtorek						
Środa						
Czwartek						
Piątek						
Sobota						
Niedziela						
				Suma godzin		
Uwagi:						

| Imię: | | | | Miesiąc, rok: | | |

Dzień	Data	Czas w	Koniec czasu	Przerwy	Z biegiem czasu	Całkowity
Poniedziałek						
Wtorek						
Środa						
Czwartek						
Piątek						
Sobota						
Niedziela						
				Suma godzin		
Uwagi:						

Imię:	Miesiąc, rok:

Dzień	Data	Czas w	Koniec czasu	Przerwy	Z biegiem czasu	Całkowity
Poniedziałek						
Wtorek						
Środa						
Czwartek						
Piątek						
Sobota						
Niedziela						
				Suma godzin		
Uwagi:						

Imię:	Miesiąc, rok:

Dzień	Data	Czas w	Koniec czasu	Przerwy	Z biegiem czasu	Całkowity
Poniedziałek						
Wtorek						
Środa						
Czwartek						
Piątek						
Sobota						
Niedziela						
				Suma godzin		
Uwagi:						

Imię:				Miesiąc, rok:		

Dzień	Data	Czas w	Koniec czasu	Przerwy	Z biegiem czasu	Całkowity
Poniedziałek						
Wtorek						
Środa						
Czwartek						
Piątek						
Sobota						
Niedziela						
				Suma godzin		
Uwagi:						

Imię:				Miesiąc, rok:		

Dzień	Data	Czas w	Koniec czasu	Przerwy	Z biegiem czasu	Całkowity
Poniedziałek						
Wtorek						
Środa						
Czwartek						
Piątek						
Sobota						
Niedziela						
				Suma godzin		
Uwagi:						

Imię:				Miesiąc, rok:		

Dzień	Data	Czas w	Koniec czasu	Przerwy	Z biegiem czasu	Całkowity
Poniedziałek						
Wtorek						
Środa						
Czwartek						
Piątek						
Sobota						
Niedziela						
				Suma godzin		
Uwagi:						

Imię:				Miesiąc, rok:		

Dzień	Data	Czas w	Koniec czasu	Przerwy	Z biegiem czasu	Całkowity
Poniedziałek						
Wtorek						
Środa						
Czwartek						
Piątek						
Sobota						
Niedziela						
				Suma godzin		
Uwagi:						

Imię:				Miesiąc, rok:		

Dzień	Data	Czas w	Koniec czasu	Przerwy	Z biegiem czasu	Całkowity
Poniedziałek						
Wtorek						
Środa						
Czwartek						
Piątek						
Sobota						
Niedziela						
				Suma godzin		
Uwagi:						

Imię:				Miesiąc, rok:		

Dzień	Data	Czas w	Koniec czasu	Przerwy	Z biegiem czasu	Całkowity
Poniedziałek						
Wtorek						
Środa						
Czwartek						
Piątek						
Sobota						
Niedziela						
				Suma godzin		
Uwagi:						

Imię:				Miesiąc, rok:		

Dzień	Data	Czas w	Koniec czasu	Przerwy	Z biegiem czasu	Całkowity
Poniedziałek						
Wtorek						
Środa						
Czwartek						
Piątek						
Sobota						
Niedziela						
				Suma godzin		
Uwagi:						

Imię:				Miesiąc, rok:		

Dzień	Data	Czas w	Koniec czasu	Przerwy	Z biegiem czasu	Całkowity
Poniedziałek						
Wtorek						
Środa						
Czwartek						
Piątek						
Sobota						
Niedziela						
				Suma godzin		
Uwagi:						

Imię:				Miesiąc, rok:		

Dzień	Data	Czas w	Koniec czasu	Przerwy	Z biegiem czasu	Całkowity
Poniedziałek						
Wtorek						
Środa						
Czwartek						
Piątek						
Sobota						
Niedziela						
				Suma godzin		
Uwagi:						

Imię:				Miesiąc, rok:		

Dzień	Data	Czas w	Koniec czasu	Przerwy	Z biegiem czasu	Całkowity
Poniedziałek						
Wtorek						
Środa						
Czwartek						
Piątek						
Sobota						
Niedziela						
				Suma godzin		
Uwagi:						

Imię:				Miesiąc, rok:		

Dzień	Data	Czas w	Koniec czasu	Przerwy	Z biegiem czasu	Całkowity
Poniedziałek						
Wtorek						
Środa						
Czwartek						
Piątek						
Sobota						
Niedziela						
				Suma godzin		
Uwagi:						

Imię:				Miesiąc, rok:		

Dzień	Data	Czas w	Koniec czasu	Przerwy	Z biegiem czasu	Całkowity
Poniedziałek						
Wtorek						
Środa						
Czwartek						
Piątek						
Sobota						
Niedziela						
				Suma godzin		
Uwagi:						

Imię:				Miesiąc, rok:		

Dzień	Data	Czas w	Koniec czasu	Przerwy	Z biegiem czasu	Całkowity
Poniedziałek						
Wtorek						
Środa						
Czwartek						
Piątek						
Sobota						
Niedziela						
				Suma godzin		
Uwagi:						

Imię:				Miesiąc, rok:		

Dzień	Data	Czas w	Koniec czasu	Przerwy	Z biegiem czasu	Całkowity
Poniedziałek						
Wtorek						
Środa						
Czwartek						
Piątek						
Sobota						
Niedziela						
				Suma godzin		
Uwagi:						

Imię:				Miesiąc, rok:		

Dzień	Data	Czas w	Koniec czasu	Przerwy	Z biegiem czasu	Całkowity
Poniedziałek						
Wtorek						
Środa						
Czwartek						
Piątek						
Sobota						
Niedziela						
				Suma godzin		
Uwagi:						

Imię:				Miesiąc, rok:		

Dzień	Data	Czas w	Koniec czasu	Przerwy	Z biegiem czasu	Całkowity
Poniedziałek						
Wtorek						
Środa						
Czwartek						
Piątek						
Sobota						
Niedziela						
				Suma godzin		
Uwagi:						

Imię:				Miesiąc, rok:		

Dzień	Data	Czas w	Koniec czasu	Przerwy	Z biegiem czasu	Całkowity
Poniedziałek						
Wtorek						
Środa						
Czwartek						
Piątek						
Sobota						
Niedziela						
				Suma godzin		
Uwagi:						

Imię:				Miesiąc, rok:		

Dzień	Data	Czas w	Koniec czasu	Przerwy	Z biegiem czasu	Całkowity
Poniedziałek						
Wtorek						
Środa						
Czwartek						
Piątek						
Sobota						
Niedziela						
				Suma godzin		
Uwagi:						

Imię:				Miesiąc, rok:		

Dzień	Data	Czas w	Koniec czasu	Przerwy	Z biegiem czasu	Całkowity
Poniedziałek						
Wtorek						
Środa						
Czwartek						
Piątek						
Sobota						
Niedziela						
				Suma godzin		
Uwagi:						

Imię:				Miesiąc, rok:		

Dzień	Data	Czas w	Koniec czasu	Przerwy	Z biegiem czasu	Całkowity
Poniedziałek						
Wtorek						
Środa						
Czwartek						
Piątek						
Sobota						
Niedziela						
				Suma godzin		
Uwagi:						

Imię:	Miesiąc, rok:

Dzień	Data	Czas w	Koniec czasu	Przerwy	Z biegiem czasu	Całkowity
Poniedziałek						
Wtorek						
Środa						
Czwartek						
Piątek						
Sobota						
Niedziela						
				Suma godzin		
Uwagi:						

Imię:	Miesiąc, rok:

Dzień	Data	Czas w	Koniec czasu	Przerwy	Z biegiem czasu	Całkowity
Poniedziałek						
Wtorek						
Środa						
Czwartek						
Piątek						
Sobota						
Niedziela						
				Suma godzin		
Uwagi:						

Imię:				Miesiąc, rok:		

Dzień	Data	Czas w	Koniec czasu	Przerwy	Z biegiem czasu	Całkowity
Poniedziałek						
Wtorek						
Środa						
Czwartek						
Piątek						
Sobota						
Niedziela						
				Suma godzin		
Uwagi:						

Imię:				Miesiąc, rok:		

Dzień	Data	Czas w	Koniec czasu	Przerwy	Z biegiem czasu	Całkowity
Poniedziałek						
Wtorek						
Środa						
Czwartek						
Piątek						
Sobota						
Niedziela						
				Suma godzin		
Uwagi:						

Imię:	Miesiąc, rok:

Dzień	Data	Czas w	Koniec czasu	Przerwy	Z biegiem czasu	Całkowity
Poniedziałek						
Wtorek						
Środa						
Czwartek						
Piątek						
Sobota						
Niedziela						
Suma godzin						
Uwagi:						

Imię:	Miesiąc, rok:

Dzień	Data	Czas w	Koniec czasu	Przerwy	Z biegiem czasu	Całkowity
Poniedziałek						
Wtorek						
Środa						
Czwartek						
Piątek						
Sobota						
Niedziela						
Suma godzin						
Uwagi:						

Imię:				Miesiąc, rok:		

Dzień	Data	Czas w	Koniec czasu	Przerwy	Z biegiem czasu	Całkowity
Poniedziałek						
Wtorek						
Środa						
Czwartek						
Piątek						
Sobota						
Niedziela						
				Suma godzin		
Uwagi:						

Imię:				Miesiąc, rok:		

Dzień	Data	Czas w	Koniec czasu	Przerwy	Z biegiem czasu	Całkowity
Poniedziałek						
Wtorek						
Środa						
Czwartek						
Piątek						
Sobota						
Niedziela						
				Suma godzin		
Uwagi:						

Imię:				Miesiąc, rok:		

Dzień	Data	Czas w	Koniec czasu	Przerwy	Z biegiem czasu	Całkowity
Poniedziałek						
Wtorek						
Środa						
Czwartek						
Piątek						
Sobota						
Niedziela						
				Suma godzin		
Uwagi:						

Imię:				Miesiąc, rok:		

Dzień	Data	Czas w	Koniec czasu	Przerwy	Z biegiem czasu	Całkowity
Poniedziałek						
Wtorek						
Środa						
Czwartek						
Piątek						
Sobota						
Niedziela						
				Suma godzin		
Uwagi:						

Imię:				Miesiąc, rok:		

Dzień	Data	Czas w	Koniec czasu	Przerwy	Z biegiem czasu	Całkowity
Poniedziałek						
Wtorek						
Środa						
Czwartek						
Piątek						
Sobota						
Niedziela						
				Suma godzin		
Uwagi:						

Imię:				Miesiąc, rok:		

Dzień	Data	Czas w	Koniec czasu	Przerwy	Z biegiem czasu	Całkowity
Poniedziałek						
Wtorek						
Środa						
Czwartek						
Piątek						
Sobota						
Niedziela						
				Suma godzin		
Uwagi:						

Imię:				Miesiąc, rok:		

Dzień	Data	Czas w	Koniec czasu	Przerwy	Z biegiem czasu	Całkowity
Poniedziałek						
Wtorek						
Środa						
Czwartek						
Piątek						
Sobota						
Niedziela						
				Suma godzin		
Uwagi:						

Imię:				Miesiąc, rok:		

Dzień	Data	Czas w	Koniec czasu	Przerwy	Z biegiem czasu	Całkowity
Poniedziałek						
Wtorek						
Środa						
Czwartek						
Piątek						
Sobota						
Niedziela						
				Suma godzin		
Uwagi:						

Imię:			Miesiąc, rok:			

Dzień	Data	Czas w	Koniec czasu	Przerwy	Z biegiem czasu	Całkowity
Poniedziałek						
Wtorek						
Środa						
Czwartek						
Piątek						
Sobota						
Niedziela						
				Suma godzin		
Uwagi:						

Imię:			Miesiąc, rok:			

Dzień	Data	Czas w	Koniec czasu	Przerwy	Z biegiem czasu	Całkowity
Poniedziałek						
Wtorek						
Środa						
Czwartek						
Piątek						
Sobota						
Niedziela						
				Suma godzin		
Uwagi:						

Imię:				Miesiąc, rok:		

Dzień	Data	Czas w	Koniec czasu	Przerwy	Z biegiem czasu	Całkowity
Poniedziałek						
Wtorek						
Środa						
Czwartek						
Piątek						
Sobota						
Niedziela						
				Suma godzin		
Uwagi:						

Imię:				Miesiąc, rok:		

Dzień	Data	Czas w	Koniec czasu	Przerwy	Z biegiem czasu	Całkowity
Poniedziałek						
Wtorek						
Środa						
Czwartek						
Piątek						
Sobota						
Niedziela						
				Suma godzin		
Uwagi:						

Imię:				Miesiąc, rok:		

Dzień	Data	Czas w	Koniec czasu	Przerwy	Z biegiem czasu	Całkowity
Poniedziałek						
Wtorek						
Środa						
Czwartek						
Piątek						
Sobota						
Niedziela						
				Suma godzin		
Uwagi:						

Imię:				Miesiąc, rok:		

Dzień	Data	Czas w	Koniec czasu	Przerwy	Z biegiem czasu	Całkowity
Poniedziałek						
Wtorek						
Środa						
Czwartek						
Piątek						
Sobota						
Niedziela						
				Suma godzin		
Uwagi:						

Imię:					Miesiąc, rok:	

Dzień	Data	Czas w	Koniec czasu	Przerwy	Z biegiem czasu	Całkowity
Poniedziałek						
Wtorek						
Środa						
Czwartek						
Piątek						
Sobota						
Niedziela						
				Suma godzin		
Uwagi:						

Imię:					Miesiąc, rok:	

Dzień	Data	Czas w	Koniec czasu	Przerwy	Z biegiem czasu	Całkowity
Poniedziałek						
Wtorek						
Środa						
Czwartek						
Piątek						
Sobota						
Niedziela						
				Suma godzin		
Uwagi:						

Imię:	Miesiąc, rok:

Dzień	Data	Czas w	Koniec czasu	Przerwy	Z biegiem czasu	Całkowity
Poniedziałek						
Wtorek						
Środa						
Czwartek						
Piątek						
Sobota						
Niedziela						
				Suma godzin		
Uwagi:						

Imię:	Miesiąc, rok:

Dzień	Data	Czas w	Koniec czasu	Przerwy	Z biegiem czasu	Całkowity
Poniedziałek						
Wtorek						
Środa						
Czwartek						
Piątek						
Sobota						
Niedziela						
				Suma godzin		
Uwagi:						

Imię:	Miesiąc, rok:

Dzień	Data	Czas w	Koniec czasu	Przerwy	Z biegiem czasu	Całkowity
Poniedziałek						
Wtorek						
Środa						
Czwartek						
Piątek						
Sobota						
Niedziela						
				Suma godzin		
Uwagi:						

Imię:	Miesiąc, rok:

Dzień	Data	Czas w	Koniec czasu	Przerwy	Z biegiem czasu	Całkowity
Poniedziałek						
Wtorek						
Środa						
Czwartek						
Piątek						
Sobota						
Niedziela						
				Suma godzin		
Uwagi:						

Imię:				Miesiąc, rok:		

Dzień	Data	Czas w	Koniec czasu	Przerwy	Z biegiem czasu	Całkowity
Poniedziałek						
Wtorek						
Środa						
Czwartek						
Piątek						
Sobota						
Niedziela						
				Suma godzin		
Uwagi:						

Imię:				Miesiąc, rok:		

Dzień	Data	Czas w	Koniec czasu	Przerwy	Z biegiem czasu	Całkowity
Poniedziałek						
Wtorek						
Środa						
Czwartek						
Piątek						
Sobota						
Niedziela						
				Suma godzin		
Uwagi:						

Imię:					Miesiąc, rok:	

Dzień	Data	Czas w	Koniec czasu	Przerwy	Z biegiem czasu	Całkowity
Poniedziałek						
Wtorek						
Środa						
Czwartek						
Piątek						
Sobota						
Niedziela						
				Suma godzin		
Uwagi:						

Imię:					Miesiąc, rok:	

Dzień	Data	Czas w	Koniec czasu	Przerwy	Z biegiem czasu	Całkowity
Poniedziałek						
Wtorek						
Środa						
Czwartek						
Piątek						
Sobota						
Niedziela						
				Suma godzin		
Uwagi:						

Imię:				Miesiąc, rok:		

Dzień	Data	Czas w	Koniec czasu	Przerwy	Z biegiem czasu	Całkowity
Poniedziałek						
Wtorek						
Środa						
Czwartek						
Piątek						
Sobota						
Niedziela						
				Suma godzin		
Uwagi:						

Imię:				Miesiąc, rok:		

Dzień	Data	Czas w	Koniec czasu	Przerwy	Z biegiem czasu	Całkowity
Poniedziałek						
Wtorek						
Środa						
Czwartek						
Piątek						
Sobota						
Niedziela						
				Suma godzin		
Uwagi:						

Imię:				Miesiąc, rok:		

Dzień	Data	Czas w	Koniec czasu	Przerwy	Z biegiem czasu	Całkowity
Poniedziałek						
Wtorek						
Środa						
Czwartek						
Piątek						
Sobota						
Niedziela						
				Suma godzin		
Uwagi:						

Imię:				Miesiąc, rok:		

Dzień	Data	Czas w	Koniec czasu	Przerwy	Z biegiem czasu	Całkowity
Poniedziałek						
Wtorek						
Środa						
Czwartek						
Piątek						
Sobota						
Niedziela						
				Suma godzin		
Uwagi:						

Imię:	Miesiąc, rok:

Dzień	Data	Czas w	Koniec czasu	Przerwy	Z biegiem czasu	Całkowity
Poniedziałek						
Wtorek						
Środa						
Czwartek						
Piątek						
Sobota						
Niedziela						
				Suma godzin		
Uwagi:						

Imię:	Miesiąc, rok:

Dzień	Data	Czas w	Koniec czasu	Przerwy	Z biegiem czasu	Całkowity
Poniedziałek						
Wtorek						
Środa						
Czwartek						
Piątek						
Sobota						
Niedziela						
				Suma godzin		
Uwagi:						

Imię:	Miesiąc, rok:

Dzień	Data	Czas w	Koniec czasu	Przerwy	Z biegiem czasu	Całkowity
Poniedziałek						
Wtorek						
Środa						
Czwartek						
Piątek						
Sobota						
Niedziela						
				Suma godzin		
Uwagi:						

Imię:	Miesiąc, rok:

Dzień	Data	Czas w	Koniec czasu	Przerwy	Z biegiem czasu	Całkowity
Poniedziałek						
Wtorek						
Środa						
Czwartek						
Piątek						
Sobota						
Niedziela						
				Suma godzin		
Uwagi:						

Imię:				Miesiąc, rok:		

Dzień	Data	Czas w	Koniec czasu	Przerwy	Z biegiem czasu	Całkowity
Poniedziałek						
Wtorek						
Środa						
Czwartek						
Piątek						
Sobota						
Niedziela						
				Suma godzin		
Uwagi:						

Imię:				Miesiąc, rok:		

Dzień	Data	Czas w	Koniec czasu	Przerwy	Z biegiem czasu	Całkowity
Poniedziałek						
Wtorek						
Środa						
Czwartek						
Piątek						
Sobota						
Niedziela						
				Suma godzin		
Uwagi:						

Imię:				Miesiąc, rok:		

Dzień	Data	Czas w	Koniec czasu	Przerwy	Z biegiem czasu	Całkowity
Poniedziałek						
Wtorek						
Środa						
Czwartek						
Piątek						
Sobota						
Niedziela						
				Suma godzin		
Uwagi:						

Imię:				Miesiąc, rok:		

Dzień	Data	Czas w	Koniec czasu	Przerwy	Z biegiem czasu	Całkowity
Poniedziałek						
Wtorek						
Środa						
Czwartek						
Piątek						
Sobota						
Niedziela						
				Suma godzin		
Uwagi:						

Imię:				Miesiąc, rok:		

Dzień	Data	Czas w	Koniec czasu	Przerwy	Z biegiem czasu	Całkowity
Poniedziałek						
Wtorek						
Środa						
Czwartek						
Piątek						
Sobota						
Niedziela						
				Suma godzin		
Uwagi:						

Imię:				Miesiąc, rok:		

Dzień	Data	Czas w	Koniec czasu	Przerwy	Z biegiem czasu	Całkowity
Poniedziałek						
Wtorek						
Środa						
Czwartek						
Piątek						
Sobota						
Niedziela						
				Suma godzin		
Uwagi: